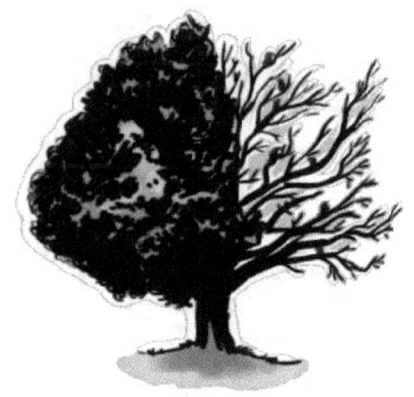

Sulla collina, davanti a Epizéfiri,
si staglia un albero mezzo spoglio.
Della sua chioma, metà è nel rigoglio
e l'altra è stecchita, come gli scheletri.

Vorwort

Ich bin 1985 geboren, in Reggio Calabria (Italien), und habe Jura in Pisa (die Stadt des schliefen Turms) studiert. Vor kurzem habe ich drei Monate in Berlin verbracht, und dieses kleine Buch ist nur ein Versuch, eine besondere Periode meines Lebens zu überwinden.
Wenn es Fehler im Text gibt, entschuldige ich mich bei euch, liebe Leserinnen und Leser.
Der Punkt ist nur, dass ich die deutsche Sprache erst vor einem Jahr entdeckt habe.
Danke.

Davide Chinni

INDEX

Wer immer strebend sich bemüht,
den können wir erlösen.

[J.W. v. Goethe, *Faust*]

Geöffnet' Augen jedes Mal

Am Dach nun hängt ein Stuhl bequem,
ein Schatten sitzt und hört die Luft,
sie schweigt und trägt noch ihre Lust,
an jenen Sturm sie traurig denkt.

Der Schatten raucht und etwas schenkt
dem Menschen, der ganzes Leben läuft,
die Sterne zählt er und nach träumt,
geöffnet' Augen jedes Mal:

Vor jeder Lösung, ein Problem!
Der Schatten heißt: *Schicksal.*

Erstheit[1]

Wir, im Bahnhof schon gegrüßt,
der Zug kam spät, ich hatte Durst,
schnell meinen Mantel gabst du mir,
und mein Geschenk nach gab ich dir.

Alte und vereiste Tränen fassen
den Ring ein. Ich wollte ihn zu Hause lassen.
Er ist wertvoll, du musst ihn bewachen,
der Neid der Welt will dich schon suchen.

Wenn er kommt, schau ihn an, in Ruhe,
die braunen Augen, meine Schuhe.
Ich hoffe sehr, du hast viel Glück,
denn ich komme nicht mehr zurück.

Die Reise hat ihren Anfang.
Das weiß ich, dass jemand sang:

"Die Vögel fliegen
am blauen Himmel
und sie singen.
Im alten Spiegel
nun lacht der Geist.
Rennt schnell die Zeit,
durch das Gesicht.
Ich vergess mein' *Erstheit*
nicht".

---

[1] Von Carlo Ginzburg (*passim*) inspiriert.

Zwei Herzen

Ein jeder verfolgt sich selbst,
ohne zu merken, schon steht man im Herbst.
Ein Kopf hat zwei Herzen so scherzhaft geboren,
danach hat er ihre Namen verloren.
Die Seele fordert nie, die Augen versprechen,
obwohl falsche Stimmen das Vertrauen brechen.
Umsonst nun halten
die Blätter die Äste
fest. Sonne und Eis, unartige Gäste,
wollen sich doch unterhalten.
Die Narzissen sammeln ihre Blumenblätter,
sie handeln damit, und das Wetter
kauft sie für drei Münzen, unter den Brücken,
dann markiert es die Flüsse am Rücken.
Strebend und grausam bekämpft
die Erinnerung die Vergessenheit.
Seinen Namen lernt dann
jedes Herz: *Kinderzeit.*

Keine Frage

Es ist einfach schön in der Nacht aufzuwachen,
es ist ganz unnütz das Licht anzumachen,
man kann nichts sehen, und auch nichts erkennen,
zur Komödie kann die Tragödie so werden...

Leben und Tod sitzen am Tisch, sie fressen...
"Darf ich meine Entfernung von den Sternen messen?"
Keine Antwort. Keine Geste. Sie trinken...
"Ich versteh... zum Weinen wollt ihr so mich bringen?!"
Sie schauen sich an, und... sie lachen!
"Unser lieb, *keine Frage*... Geh wieder schlafen!"

Der Kapitän (oder die Schuld)

An dem Strand, aus Staub und Blut,
sagst du selber dir "nun setz dich!",
keinen Strom und keine Flut,
nur ein Schatten: das Gesetz.

Es spricht leise, es sagt: "Mann,
heute klage ich dich an.
Sterben deine Jungen ließt,
bliebst du ganz sicher im Turm,
draußen schrecklich war der Sturm.
Weil du nur ein Feigling bist".

"Mein Gewissen", sagst du fort,
"meine Hoffnung waren sie.
Jede Entscheidung trifft den Tod.
Macht und Kraft sind ganz ein Gift,
wenige Menschen schieben's weit,
denn sie nennen das *Freiheit*.
Ich wollt krepieren dort,
denn überleben wollt ich nie."

Der Ryhmer[2]

Er, der Menschen am reichsten,
am kläglichsten.
Er, Sklave der Einsamkeit.
Er kann nicht lieben, nicht hassen.
Er, der sein Schwert aus Traurigkeit
mutig erfassen
muss, gegen seine Träume.
Er kann seine einzige Sicherheit
eigentlich nicht räumen:
Er kann nicht lieben, nicht hassen.

---

[2] Hermann Hesse gewidmet.

Ich möchte

Ich möchte dich jeden Abend sehen,
die Straße entlang, und dich fragen:
"Der Tag war schön, oder?".
Ich möchte dir garantieren:
Alles kann gut gehen.
Ich möchte noch bestehen,
wenn du eine graue Dame
sein wirst, und dir sagen:
"Das Leben war schön, oder?".
Ich möchte dich schauen,
kannst du immer noch malen?
Willst du *Le Passanti*[3] singen?
Ich kann die Gitarre mitbringen.
Ich möchte dir eine Gondel schenken,
die dich zur Hochzeit geleiten
kann, im Frühling, über die Spree.
Ich möchte an unsere Kindheit denken,
und darüber lächeln: du warst eine Allee,
während ich eine Gasse noch war.
Ich möchte dich begleiten,
dich schützen, dich im Herzen protegieren,
still, unsichtbar.
Denn du bleibst nochmal
im Park meines Lebens,
grau wegen des Regens,
aus Marmor zerbrechlich
das Schönheitsdenkmal.
Ich möchte noch wirklich
davor sitzen, um dir vorzulesen.

---

[3] Lied von Fabrizio De André.

"Wir leben in verschiedenen Welten"

Wie ein kleiner Spatz,
vom wilden Wind gezogen,
ist der Gedanke nun verflogen.
Der schwarze Adler hat ihn verfolgt,
gefangen, getötet, zerrissen,
mit seinem Herzen sich versorgt,
um sein Inneres zu entdecken,
um seinen Willen zu schmecken,
um die Wahrheit zu wissen.
Der Schnabel war nur ein Satz.

Weißes Pferd

Ich reit auf dir, weißes Pferd,
ohne Sattel, ohne Zügel,
ich vertraue dir, auf deine Flügel,
du bist der einzige Herd
in meinem Leben, trag mich!
Deinen Hals umarm ich,
der verbrennt.
Von dir trennt man sich nicht,
obwohl man dein Alter nicht kennt,
weil man *Liebe* dich nennt.

Dein Lied

Ich war ein Kind, das auf die Berge stieg,
der Frieden wurde zum Krieg.
Wo früher Neugier war, gibt's nur Mut.
Eine Waffe war die Freude, der Speichel war Blut.
Durch die rissige Sanduhr fiel
der Staub, die Zeit war schon zu viel.
Du, schönes Mädchen, sangst
dem Vollmond am Teich, im Wald,
dein Lied: "mein lieber Freund, bis bald!".
Es war Liebe, nun aber Angst.

Die Liebe (ein Weise denkt ohne Prämisse)[4]

Ich habe ständig mich gefragt,
während meines ganzen Lebens,
woraus besteht dein wahres Wesen?
Ich dachte, dass es so bestand,
in einem Reden auf dem Strand,
in Nächten ohne Schlaf verbracht,
mit der Gitarre und meinem Wein,
mit meiner Lust auf Einsamsein.

Ich glaubte, dich finden zu müssen
in einer Frau, in ihren Küssen,
in ihren Haaren, in ihrer Wirkung,
in ihrer Stimme, in ihrer Stimmung,
in ihrer Laune, in ihrer Brust,
in ihrem Willen, in ihrer Kunst.

Doch lief ich auf dem falschen Lauf,
dann achtet ich gar nicht darauf,
ich hatte das noch nicht gelernt,
dass ein Weise ohne Prämisse denkt.

Dann wechsel ich die Übersicht,
ich bemerk endlich dein Gesicht,
weil ich es wirklich spät ansah:
du bist schon immer mir so nah.

Du bist der Himmel, die Musik,
der Kosmos und der Augenblick,
du bist der Wind und die Poesie,
ein Tropfen, mein' Philosophie,
ein Falter bunt, das Meer, der Regen,
eine riesige Umarmung des Lebens.

---

[4] Von Georg Simmel (*passim*) inspiriert.

Sisyphos[5]

Strafe dem Menschen, der das Menschsein brachte:
Als er zu sein begann, sofort daran dachte,
vom Himmel abzusehen, ihn zu betrügen,
vom Kreis zu desertieren, den Tod zu belügen.

Er muss den runden Stein,
so es wurde entschieden,
bis zum Gipfel schieben,
ohne klagen zu dürfen, allein.
Nur einen Moment bleibt er dort,
danach rollt er schnell zurück,
die Aufgabe setzt sich wieder fort.

Es ist aber Glück.

Das *hic et nunc* kann er akzeptieren
ohne Postulate zu formulieren,
ohne ein Schicksal auszuwählen,
ohne stumme Orakel zu quälen,
aus dem Gedanken gerettet,
vom Absurden gerettet,
frei vom Beginn und vom Ende.
Er ist der Existierende.

---

[5] Von Albert Camus, *Der Mythos des Sisyphos*, inspiriert.

Humanismus[6]

Quisque faber fortunae suae.

Den Menschen erschafft der Mensch.
Das Leben ist Angst und Wunsch
nach Aktion,
keine Kontemplation.

Gott ist tot!

Das Hyperuranium ist kein gutes Haus.
Die Existenz
geht der Essenz
voraus.

---

[6] Von Jean-Paul Sartre, *Der Existentialismus ist ein Humanismus*, inspiriert.

"Wahrlich gibt's nur den Winter"

Das Wetter verändert sich,
ständig, unmotiviert, plötzlich.
Sonne und Regen tauschen sich aus,
ohne zu reden, ohne Warum.

Die Sicht wird zur Blindheit,
die Seele sieht doch so weit
aus, dass man sie nicht hört,
hinter den Wolken, hinter
dem Regenbogen versteckt.
Der Hirte merkt aber fort,
"wahrlich gibt's nur den Winter",
und den Blick deckt.

Glücklich ist, wer die Liebe schützt

Ich kann dich nicht mehr erkennen,
willst du deine Seele wegschieben?
Du ließt deine Schönheit verbrennen,
hast du dich dem Erfolg verschrieben?

Warst du nur ein verwirrtes Mädchen,
das eine Rebellion zeigen wollte,
das darum sich verkleiden sollte?
Dann erzähltest du uns ein Märchen?

Du bist nun wirklich geworden
genauso wie das, was du hasstest,
zum System eigentlich passtest,
endlich bekamst du dein' Orden.

Die echten Freunde hast du entfernt,
beleidigt, verwundet, benutzt,
denn du hast niemals gelernt:
Glücklich ist, wer die Liebe schützt.

"Aber wohin ist dein Herz geraten?"[7].
Ich weiß das: Auf jener Sitzbank,
schlecht gekleidet, arm, träumend, schlank.
Deswegen muss ich dich beraten:

Du hast echt vor langem entschieden,
deine alten Gefühle, die blieben,
vorsätzlich zu vergessen, zu zerstören,
sie müssen nicht mehr stören,

du willst nur das Neue erleben.
Aber du solltest einfach dort hingehen,
um dein Herz noch wiederzusehen,
um es endlich zurückzunehmen.

---

[7] Vom Lied *Hotel Supramonte* (Fabrizio De Andrè) inspiriert.

die Lotophagen

Wir leben auf dem Felsenriff,
das tiefe Meere trennen kann,
und wir leiden nicht mehr dran,
denn unser Fluch war der Begriff,
der darin steht, in jedem Meer,
das alle Wracks, Schiffsbrüche schluckt,
dann ist ihm Übel, etwas spuckt's,
dadurch wird's weder voll noch leer.

Wir verließen schon die Qual,
die das Gedächtnis sehr betrifft:
Man muss entscheiden, jedes Mal,
was man behält, was man wegwirft.

Wir denken nicht daran, nicht meinen,
nicht lachen und nicht weinen,
die Blüten des Böses[8] fressen,
um alles zu vergessen.

---

[8] Von Charles Baudelaire inspiriert.

Schönheitsfleck[9]

Kleine Frau, die ich knapp kenne,
die ich in den Gedanken nenne,
deine Hände sind ein Gruß,
und dein Lächeln ist so süß,
dass ich ganz benommen bin.
Das hat wirklich keinen Sinn,

weil du *schon genommen* bist,
und weil du mich nicht siehst.
Ich will trotzdem dankbar sein.
Schon zu lange hier allein,
also dachte ich sogar,
dass mein Herz gestorben war.

Allerdings kann es noch schlagen,
sich aufregen, träumen, klagen!
Was verging, werf ich so weg,
und es reinigt mein Gehirn.
Ich schaue, auf deine Stirn,
jenen braunen Schönheitsfleck.

---

[9] Francesca gewidmet.

der Grund

Ich träume vom Mund
des singenden Mädchens, das lacht,
das nach dem Grund
des maßlosen Gefühls fragt:
"Wieso liebst du mich?
Bei mir bist du doch nichts".
Mein liebes, ich sage:
"So eine Frage
muss man nicht stellen.
Diese wertvolle Szene
will ich mir vorstellen,
falls das Leben mich angreift.
Meine Seele reift,
weil sie ein Wächter ist,
obwohl man mich vergisst.
Du liegst mir im Herzen, sang Marlene".

Der Erfolgreiche

Ich mag die Karriere,
dann werf ich die Schwere
des Lebens weg: diesen Müll
dieses nutzlose Gefühl,
das man "Liebe" nennt...

Vor dem Spiegel sing ich laut:
"Ich liebe mich, there's no doubt!"
Bei mir zählt kein Idealismus,
ich kenne nur den Narzissmus,
und mein Erfolg rennt!

Zynisch will ich laufen,
ohne mich abzulenken,
ohne das Herz zu beschenken,
und Geld haben, um Freude zu kaufen!
Das ist meine Philosophie:
die Liebesanorexie.

Die Wasserwaage (oder die endliche Gleichheit)[10]

Am zweiten elften gibt's die Tradition,
auf Friedhof die Toten zu besuchen,
und jeder behält diese Passion,
jeder muss es bloß versuchen...

Ich hatte dieses Jahr ein Abenteuer,
während ich vor jenen Gräbern stand:
von kurzen Kerzen funkelte das Feuer,
zwei Geister stritten, sie hielten nicht den Rand!

Sie waren ein König und ein Bauer,
der erste ruft plötzlich laut: "Wahnsinn!
Ich bin wütend, beleidigt, richtig sauer,
weil ich auch hier begraben bin!

Ich bin der König, ein Papst, ein Präsident,
ein Richter, ein Notar, der Chef der Bank,
ich kommandierte den ganzen Kontinent...
Jetzt erleide ich deinen Gestank!"

Der Bauer guckte ihn an, da gab's Ärger:
"Ja, Ja... du bist Gott, ich bin nur Rauch...
Arbeitsloser, Flüchtling, Armer, ein Handwerker...
Ich bin krepiert am Ende... wie du auch!"

---

[10] Von Antonio De Curtis (Totò), *'A Livella*, inspiriert.

"Aktivismus"

Es ist bei mir wichtig, ein Aktivist zu sein.
Ich habe wirklich dieses Ziel,
deswegen les ich viel:
Bakunin, Stirner, Marx, sogar Einstein...

Ich kleide mich spartanisch, ich gebe nichts aus,
ich pisse vor dem Gericht, ich habe kein Haus,
keine echte Arbeit, kein Auto, keine Frau,
ich hab nur diesen Mantel, alt und grau.

Es ist aber kein Aktivismus, so zu tun...
Diese Lebensart definiert man "grün",
jedoch ist es sinnlos: Ja, schöne Definition...
Aber die Farben machen keine Revolution!

Der richtige Weg ist (es hat mich erstaunt):
verba docent, exempla traunt.

Ich sollte fröhlich ausgehen und singen,
um den Armen das Essen zu bringen,
ich sollte den Stadtmüll sammeln, um ihn wegzuwerfen,
ich sollte nach Afrika fahren, um Leuten zu helfen.

Ich sollte protestieren, agieren, überzeugen, ohne mir
das Märchen zu erzählen... Es zählt eigentlich nicht.
Aber es ist zu spät, ich stehe vor dem Gericht,
quatsche und saufe das fünfte Bier.

Der heutige Calvinismus

Man arbeitet das ganze Leben,
man erwartet die Rente geduldig,
man fühlt sich am Ende nicht schuldig:
"Ich hab noch *Aussehen* zu erleben!"

Man wohnt in fremden Häusern,
man kauft sich so nutzlose Dinge,
man peitscht sich mit den PC-Mäusen,
zum Himmel schreit man: "Ich springe!"

Man trinkt falsches Bier, man isst Futter,
man folgt den Dogmen der eigenen Mutter.
Man spürt nicht "die gefährlichen Triebe",
das Social gibt einem "die Liebe"
(Photo, Lebenslauf, man sollte *Like* klicken!
Man sollte die Kontodaten schicken!):
Sie kann natürlich nicht ans Herz singen...
Mit ihr kann man die Zeit allein verbringen!

Die "platonische Liebe"[11]

Etikettenschwindel! Etikettenbetrug!

Ich liebe dich, ohne deinen Körper zu berühren,
ich lasse mich von deinem Bild verführen.

Bin ich eigentlich klug,
diese Methode zu benutzen,
um mich vor mir zu schützen?
Doch ist es nur eine Lüge,
über die ich hier verfüge.

Ich sollte mich einfach dir anpassen:
Du bist schon weg, ich sollte dich gehen lassen.

---

[11] Attila (und mir auch) gewidmet.

Erwachen

Die Uhr wirft mir vor:
"Don't sleep anymore!
Du hast viel zu tun...".
Shiny was the moon,
er verdunkelte die Sicht,
auf der vollen Straße sah ich nicht
die anderen Menschen, wie Schatten,
die Geduld muss mir 'was erstatten,
I've waited too long,
I know, now I'm wrong,
die Schuld kenn ich genau.
Der Himmel, den ich "blau"
nenne, ist einfach "verschoben".
Jetzt ist der Blick erhoben,
der Mund schmeckt nach Gift,
nach Zweifel, und dabei hilft
mir der Sophismus nicht mehr:
Re melius perpensa, urteilt das Gericht;
wieder nachzudenken schaff ich nicht,
sage ich, und leide sehr.

Heimatdorf

Straßen wie Labyrinthe, in denen ich mich verlief.
Gebäude wie Gräber, ihre Grabinschrift tief:
In Frieden hier ruht ein schöner Misserfolg.
Seltsamen Dialekt spricht dieses Volk,
den ich im Leben nicht mehr hören will.
Vor dem Gemälde rauch ich nachdenklich, still,
so bald wie möglich soll ich weggehen, denke ich.
Dummer Gedanke, *dieser Ort* verfolgt mich.
Davor sitze ich, auf einem zerbrochenen Stuhl,
und spüre kein echtes Gefühl.

Narziss?

Den Tod fürchtet er nicht: Befreiung vom Leiden,
ihn muss man annehmen und kann nicht vermeiden.
Als Tagesvollmond schätzt er die Sonne. Das Fasten
kann gar nicht auf ihn wie die Sättigung lasten.
In der Pfütze sieht er den romantischen Teich,
die elende Seele eines Menschen erscheint ihm reich.
Aus welken Blüten kann er Nektar saugen,
die Schönheit liegt ihm in den Augen.

Newtons Farbenscheibe

Zu schnell dreht sie sich, die Scheibe. Ich sehe
nur ein Weiß, das mir friedlich erscheint.
Das ist mir unbefriedigend. Ich gehe
durch den Gedanken. Der Sinn weint.

Ich verstehe nicht, aus welchen Farben
meine Seele besteht. Ich erkenne die Narben
und die Freuden nicht. Ist es Ruhe? Nein.
Eine Flucht, die das kluge Sein
ausdenkt, um die Vergessenheit
zu diktieren. Es ist nur Unwissenheit.

Ich will doch wissen. Verlangsamen muss ich sie.
Tiefes Atmen. Dann kommen die sieben:
das *Hoffen*, das *Warten*, das *Hassen*, das *Lieben*,
das *Wenn*, das *Immer*, das *Nie*.

Ohne Titel

Spät, durch das Pissen der Gassen.
Die Menschen spielen ihr Theaterstück.
Das Lachen stört mehr als das Hassen,
das sie umzingelt. Das Glück
wird als Erfolg interpretiert. Es gibt
eine komische Weise, sie zusammenzubringen:
Sie reden fast nicht, aber sie singen
ich bin verzweifelt, ich bin verliebt,
ich rauche, ich saufe, ich kiffe,
ich lerne keine Begriffe.

Tabak

Pflanze des Fragens,
deren der Duft
mir die Ekstase bringt, die tödliche Sucht.
Bei jedem Zug erscheint mir die Wahrheit
näher, wie ein Flug über die Zeit.
Von dir wird's nicht erklärt, was die Lösung
aller Qualen ist. Du zeigst nur die Kreuzung,
zu der dieser komische Pfad führt.
Dein Argument hat mich berührt:
das Ende des Fragens.

A Battle of Wine

Against you I've to fight,
you've stolen my Light,
you've sold me a Lie:
my Smile was a Cry,
my Stay was Escape,
my Love was a Rape.

Rilke gave me a Cleareance:
"Your most painful Experience?
Is Drinking sad? Become Wine"[12].
It's the Strategy of mine:

I'm strong and you're bland,
'cause Ground is now the Sand.
You've lost, dark Blend.
I drink the Battle till the end.

---

[12] Vers vom letzten Gedicht in *Die Sonette an Orpheus* (Rainer Maria Rilke).

Ach ja...

Auf den Straßen in Florenz
erscheint mir die Präsenz,
es kommt mir in den Sinn:
Ich ging bis nach Berlin...
Was hat mich gerückt?
Ach ja... ich bin verrückt!
Die Liebe war falsch...
Liebe für den Arsch!
Sie gab mir aber echten Schmerz...
Wie (ver)spielst du, mein Herz!

Springtime

I fought a War in my Mind,
everyone is dead, and I too.
The Enemy was hiding behind
me. He was Me. He was You.
Finally now I'm reborning,
there's in my Bed no Nightmare,
I feel the fresh Night Air,
I'm waiting for the Morning.
When Thinking is slower,
then the Winter is gone,
when blossoms a Flower
then All turns into One.

Run

In a Marathon, for the Glory,
they sweat under the Sun.
Athena likes to tell the Story:
"Dies the One,
who announces Victory.
Winners write History!".
The Thoughts run, and run.

Twenty-six

Disarmed, shattered, worn.
Trill, Battle Horn!
Brain
is a Grane
of Corn.

Götzen-Dämmerung[13]

Das Nichts selber nichtet[14].

Der Himmel ist Leere. Dieses Licht,
der Stern, der Wert, der einen leitet,
den erfindet man, weil man entscheidet.
Aus dem Nichts kommt das Nichts,
und es wird zum Nichts[15]. Effizienz,
Erfolg, Macht, Geld: Das ist Ziel.
Und, in diesem traurigen Spiel,
Gott ist nur die Weltindifferenz[16].

---

[13] Von Friedrich Nietzsche inspiriert.
[14] Zitat von Martin Heidegger.
[15] Satz von Emanuele Severino.
[16] Begriff von Max Weber erfunden.

Schluß

Ich mach Schluß, mit diesem Klagen
um dich, den hypotetischen Verlust.
Was ich spürte, hier in meiner Brust,
kann menschliche Zunge gar nicht sagen[17].
Willst du fliegen? Hoch dann flieg...
Leb wohl. Mein Atmen, mein Schatz.
Nun klirrt Geräusch vom Satz:
Ich hab dich im Herzen und sieg.

---

[17] Vom Vers von *A Silvia* (Giacomo Leopardi) inspiriert.

The Man is what he's looking for

Easy is the Path to Happiness,
showed in a Flash of Loneliness.
It needs no ephemeral Monument:
if you contemplate the Firmament,
do you see the Less or the More?
The Man is what he's looking for:
The phantasmagoric Way to Mars,
the only Blamish in the Stars.

Die Musikanten[18]

Es war schon Nacht, als er an den Strand kam.

Der Himmel war klar, die Sterne schienen, sie sahen wie ein ungeheurer Diamantring aus, wie ein unendliches Diadem, das Gott der Menschheit geschenkt hat, seine geheime und verbotene Liebhaberin.

Auf dem Sand, saß sie mit ihrem Mann, sie küssten sich.

«Da bin ich. Warum riefst du mich an?», sagte er.

«Wahrlich, du hast mir doch gesagt dich anzurufen...», antwortete sie.

«Du hast recht. Aber...».

«Ah! Dies war nur ein Witz, ein Scherz?! Du wolltest gar nicht kommen, oder? Du bist immer so ein Symbolist!».

«Es kann sein. Also, was willst du?», sagte er, und stellte die Gitarre auf seinem linken Fuß.

«Ich will jenes Lied...», antwortete sie mit einem leichten Lachen.

«Kann er nicht spielen? Du hast mir gesagt, dass er ein Musiker ist».

«Richtig, aber er kennt das Argument nicht. Sonst will das Feuer nicht brennen...», sagte sie, und zeigte auf ein Loch im Sand, wo ein paar kleine *Glasstücke* und Hölzchen lagen.

Eigentlich war das Feuer schwach, die Flamme fast unsichtbar.

«Stimmt. Aber schnell, weil ich Eile habe», sagte er und nahm das Instrument.

Die Musikanten stimmen die Geigen.
Auf den Mond heute Abend still steigen
sie, und dort spielen sie.
Sie sind zutiefst ruhig,
denn es ist unwichtig,
wenn die Leute des Cafés
ihre Seele nicht verstehen.
Die Musikanten weinen nie.

---

[18] Vom Lied *I musicanti* (Francesco De Gregori) inspiriert..

Er spielte und sang, sie küsste den Mann.

Eine einzelne Träne fiel langsam auf die Gitarre, dann stand er schnell auf, warf sein wertvolles Instrument in das Feuer, und ging weg.

Er ging ab, und hinter seinem Rücken verbrannte eine hohe Flamme.

Das schlimmste Verbrechen

Es war Nacht, draußen fiel ein starker Regen. Er war wach, stand nun elegant gekleidet vor dem Fenster, und strich sich langsam über seinen Bart.

Als sie an die Tür klopften, war er gar nicht überrascht, weil er schon seit langem darauf wartete. Er nahm seine Tasche, mit all seinen Dokumenten, ging die Treppe hinab, zog seinen dunklen Mantel an, und schaute sich ein letztes Mal im Spiegel an.

Als er die schwere Tür öffnete, waren sie davor. Er sah sie von hinten, er erkannte ihre Rücken und jene Uniform. Er sah ihre Gesichter nicht, aber es war ihm total unwichtig. Er wusste schon, wer sie waren und was sie wollten.

«Guten Abend mein Herr, wir sind hier...», sagte einer der Männer, aber er wurde sofort unterbrochen.

«Keinen Quatsch, bitte. Ich weiß schon alles, gehen wir jetzt», antwortete er.

Ein großes Auto wartete auf der Straße, schwarz und perfekt sauber, dann scheinte es, wegen des Lichtes der einzigen Lampe, die vor dem Haus stand.

Er stieg hinten ein, die Männer saßen vorne.

Er konnte nicht sie sehen, weil der vordere Teil des Wagens vom rücksichtigen getrennt war: Dazwischen wurde ein Spiegel aufgestellt, damit jeder Fahrgast seine Augen sehen würde.

Während der Fahrt, schaute er seine Augen aber nie an.

Nachdem das Auto viele Stunden fuhr, kam er endlich am Ziel an. Eine Sekunde davor, dass er ausstieg, entschied er seine Tasche da zu lassen: obwohl er alle Blätter mitgebracht hätte, dachte er, dass der Richter die nutzlos fände. Er hatte nämlich recht: normalerweise beim Gericht zählen die Dokumenten sehr, aber nicht in seinem Fall.

Als er ausstieg, waren die Männer verschwunden. Das Wetter war klar, es gab keine Wolke, aber er spürte eine tiefe und beklemmende Stille.

Bevor er durch das Gerichtstor ging, sagte er leise etwas:

Wenn man im Gesetzbuch bliebe,
zwischen der Logik und dem Staub,
müsste man einfach behaupten:
Die Verbrechen sind bestimmt
- Betrug, Diebstahl, Mord, Raub -
und man muss das Gesetz achten.
Das schlimmste aller Verbrechen
ist aber nicht darin geschrieben:
Es ist die hoffnungslose Liebe.
Es übertritt das Gesetz nicht,
klar, ohne Hoffnung zu lieben.
Es zwingt den Menschen doch,
etwas Schlimmeres zu machen:
Er denkt nicht mehr an sich,
sein Herz nicht mehr hört,
seine Seele selbst zerstört.

Er trat in den Gerichtssaal ein, der dunkel und leer war. Es gab nur den Richter, hinter dem großen Katheder. Er schaute den Mann an, er beobachtete ihn.

«Wie plädieren Sie?»

«Schuldig, Herr Richter»

«Kennen Sie ihre Strafe?»

«Jawohl. *Ich muss mich daran erinnern...*»

«Genau. Wissen Sie, dass Sie die Strafe vermeiden könnten, wenn Sie jene Frau verachten würden?»

«Ich weiß. Aber ich kann das nicht, ich will das nicht.»

«Ich verstehe... Gehen Sie jetzt.»

Der Richter zeigte dem Mann eine Tür. Er machte sie auf, und ging er durch. Er fand sich auf der Straße, dort war das schwarze Auto. Die Männer warteten geduldig darauf, ihn nach Hause zu begleiten.

Der Zug 69

Als die Tram angekommen war, war er schon in Verspätung.

Er nahm die Koffer und sprang vom Ausstieg, auf den Gehsteig.

Er rannte schnell zum Eingang des Bahnhofes, und las den Fahrplan: Zug N. 69 - Abfahrt 14.26 U. - Ankunft 14.26 U.

Er dachte, dass es einen Fehler gab, weil die Uhrzeit total unmöglich aussah. Trotzdem saß er auf einer Sitzbank, vor dem Wartezimmer, und drehte eine Zigarette.

Das Wetter war klar, trotz mancher Wolken, und die Temperatur angenehm. Ein paar Vögel flogen vorbei, die einander verfolgten: es war Frühling, die Jahreszeit der Liebe.

Plötzlich sah der Man den Bahnhofsvorsteher, mit seiner eleganten Uniform: er lief langsam, mit den Armen hinter dem Rücken, und eine Pfeife im Mund.

«Guten Tag, Herr. Dürfte ich eine Auskunft haben?»

«Natürlich...»

«Ich warte auf den Zug 69. Ich habe gelesen, dass er um 14.26 Uhr abfährt. Aber ich habe auch bemerkt, dass er um die gleiche Uhrzeit am Ziel ankommt... Ich bin mir sicher, da gibt es einen Fehler. Bitte, korrigieren Sie die Anzeigen auf der Tabelle. Es wäre besser, für alle Passagieren...»

«Kein Fehler, geehrter Herr... Hier im Bahnhof wissen wir noch nicht, ob der Zug kommt. Die Anzeigen sind total ungewiss, provisorisch...»

«Was bedeutet das?»

«Die Verbindungen mit den anderen Bahnhöfen sind unterbrochen. Es tut mir leid, wir können nur warten... Aber keine Sorge, die Situation wird bald verbessert!»

Der Mann, auf der Bank gesetzt, machte einen Seufzer. Die Zigarette war schon abgebrannt, dann drehte er eine neue. Nachdenklich zog er das Heftchen aus seiner Tasche, hielt den Kugelschreiber und begann sofort zu schreiben.

Liebe Suzanne,

Während ich dir schreibe, ist der Zug irgendwo verloren.
Doch haben wir keine Information darüber.
Der Anschluss ist blockiert, ich weiß nicht.
Aber das ist mir nicht so wichtig.
Ich freue mich auf unser Treffen, ich will dir viele Geschichten erzählen.
Ich würde auch sagen, dass ich dich nicht vermisst habe.
Aber es wäre eine blöde Lüge, das weißt du.
Ich habe das Buch gelesen, das du mir empfohlen hast.
Es war wunderschön.
Aber man konnte, man musste das erwarten: deine Ratschläge, deine Vorschläge sind immer wertvoll.
Ich habe auch abgenommen, weil ich mit dem Wein endlich aufgehört habe.
Ich habe etwas Besseres gefunden, um mich wohlzufühlen: die Musik, die Dichtung, die Philosophie.
Ich bin froh, glücklich.
Das konnte ohne dich nicht sein.
Deswegen soll ich, muss ich, dir noch einmal dafür danken.

Ich liebe dich.

Während er vertieft schrieb, es war schon 17 Uhr.
Der Bahnhofsvorsteher kam ein weiteres Mal nah, immer noch mit seiner Pfeife dabei.
«Entschuldigung Herr, Neuigkeiten über den Zug?»
«Welcher Zug?»
«Wie bitte?! Der Zug 69! Wir haben darüber gesprochen...»

«Es tut mir leid, der Zug kommt nicht. Aber Ihre Reise ist bereits beendet. Jetzt können Sie nach Hause gehen...», antwortete der Bahnhofsvorsteher, mit einem herzlichen Lächeln.